# ПУСТЬ ТОРЖЕСТВУЮТ МИР И СЧАСТЬЕ

Программная речь
Шри Маты Амританандамайи
во время заключительного пленума
Парламента религий мира
Барселона, Испания
13 июля 2004 г.

Mata Amritanandamayi Center, San Ramon
Калифорния, США.

## ПУСТЬ ТОРЖЕСТВУЮТ МИР И СЧАСТЬЕ

Издано:
　Mata Amritanandamayi Center
　P.O. Box 613
　San Ramon, CA 94583
　Соединенные Штаты

— *May Peace and Happiness Prevail (Russian)* —

Copyright 2005 © Mata Amritanandamayi Mission Trust, Амритапури, округ Коллам, Керала 690546, Индия
Все права защищены. Никакая часть этой книги не может храниться в информационно-поисковой системе, передаваться, воспроизводиться, транскрибироваться или переводиться на какой-либо язык, в какой-либо форме, какими-либо средствами без предварительного согласия и письменного разрешения издателя.

Первое издание М.А. Центра: Апрель 2016 г.

Русский сайт об Амме: www.ru.amma.org

Сайты в Индии:
　www.amritapuri.org
　inform@amritapuri.org

# Содержание

**Вступительное обращение**     5
Федерико Мэйор Зарагоза,
экс-генеральный секретарь ЮНЕСКО,
президент "Fundaciyn Cultura de Paz"
(Фонд культуры мира), Мадрид,
Испания

**Введение**     9
Свами Амритасварупананда,
вице-председатель Миссии Маты
Амританандамайи, Амритапури

**Программная речь**     21
Шри Мата Амританандамайи

# Вступительное обращение

к речи Маты Амританандамайи
Парламент религий мира,
Барселонский форум, 2004

Будучи вместе и с истовой молитвой, мы можем изменить ход текущих событий. Каждый уникальный человек, способный творить, – это наша надежда.

Амма советует нам: «В своей поспешности мы забываем величайшую истину всего – что источник всех проблем следует искать внутри человеческого ума». Об этом же говорится в строке великого американского писателя Арчибальда Маклеиша, с которой начинается величественная преамбула блестящей конституции ЮНЕСКО: «Поскольку война рождается в уме людей, то именно в уме людей нам следует воздвигнуть замок мира».

Подлинное образование освобождает нас и позволяет нам действовать согласно собственным решениям, а не подчиняться чьему-либо диктату. Столь полезные средства массовой информации своей вездесущностью и привлекательной силой также могут превращать нас в пассивных зрителей, делая всех нас идентичными и покорными в отношении того, что они предлагают, заставляя нас молча соглашаться с их своекорыстными рекомендациями. Крайне необходимо иметь время подумать, прочувствовать, послушать, узнать других и, наконец, – и это очень трудно – узнать наши собственные «я».

Как Амма сказала на Парламенте религий мира: «Наряду с пониманием внешнего мира нам также крайне необходимо познать внутренний мир». Она добавила: «Любовь и сострадание – это сама сущность всех религий… Для любви нет таких ограничений, как религия, раса, национальность или каста».

Искоренять бедность, облегчать или так или иначе устранять страдания! Для этого необходимо отдавать, и отдавать себя. Отдавать всё, что мы можем, но – прежде всего – отдавать наше время. Наше знание, наше братство.

Материальная бедность многих людей – результат духовной бедности тех, кто мог бы принести им облегчение. Необходимо

### Вступительное обращение

настоятельно подчёркивать, что это – результат культуры силы, навязывания и доминирования. Также это происходит в результате того, что люди и организации остаются безмолвными вместо того, чтобы свободно выражать свои протесты и предложения.

Сейчас наступает время для культуры диалога, взаимного согласия и понимания. Сейчас наступает время для культуры мира, культуры руки помощи и объединённых голосов. Наконец, век людей! Наконец, все разные, но все объединённые! Так начнётся новая ступень в истории человечества.

Амма просит нас работать на благо других, на благо наиболее нуждающихся. Я хочу, чтобы Её молитва – «Пусть дерево нашей жизни крепко укоренится в почве любви» – нашла отклик.

Федерико Мэйор Зарагоза,
экс-генеральный секретарь ЮНЕСКО,
президент "Fundacion Cultura de Paz"
(Фонд культуры мира), Мадрид, Испания,
август 2004 г.

# Введение

В настоящее время мы часто связываем такие концепции, как несходство и различия между религиями и культурами, с конфликтом, войной и терроризмом. Мир изменился с 11 сентября 2001 г.; наше коллективное сознание наполнилось страхом, подозрением и даже враждебностью по отношению к тем, кто отличается от нас. В этот момент истории такое международное межрелигиозное собрание, по-видимому, более необходимо, чем когда-либо прежде. Мир жаждет голоса, который вдохновляет нас объединиться в мире. В 2004 году на Парламенте религий мира в Барселоне Амма была этим голосом. Всеобъемлющая и вневременная мудрость Её слов обращается к нам и достигает нас с необычайной вибрацией в это критическое время.

В тот момент, когда Амма вышла на сцену, все присутствовавшие встали и зааплодировали. Один газетный репортёр написал: «Её личность такова, что каждого спонтанно тянет к Ней. И Она, конечно, своеобразна и уникальна, не будучи похожей на других духовных учителей.» Зал был заполнен до отказа, люди забили собой все проходы и коридоры. Можно было ощутить, что воздух пронизан глубоким почтением и безудержным волнением. Амма должна была произнести программную (ключевую) речь во время заключительной пленарной сессии семидневного парламента. Темой Её выступления было «Пути к миру — мудрость слушания, сила приверженности». Каким учением эта выдающаяся духовная личность собиралась одарить в данном случае? Как Ей удастся синтезировать сущность сотен лекций, обсуждений и симпозиумов, проводившихся за всё время этого мероприятия, в одно единственное интегрированное единое послание? Когда Амма заговорила, ответ пришёл. Реальные проблемы, с которыми мы сталкиваемся сегодня, и способы их решения были изложены один за другим. Амме удалось соединить все послания, учения и пути в одно, поскольку это и есть роль и предназначение истинного духовного учителя. Как всегда, Её слова были простыми, но глубокими. Выражая глубочайшие духовные принципы, речь Аммы содержала

## Введение

занимательные истории, практические примеры и прекрасные аналогии. Она сумела затронуть практически все области жизни в Своей краткой, но яркой речи.

Речь Аммы начинается с объяснения того, как относиться к нашим данным Богом талантам. Увеличивая нашу врождённую духовную силу, скорее чем просто силу в её различных материальных формах, мы можем достичь подлинного мира и удовлетворённости. Вместо того чтобы просто обвинять религию в той бесконечной фрустрации, в которую впадает человечество в своих поисках счастья, речь предоставляет новый взгляд на религию и духовность — взгляд, который крайне необходим в сегодняшнем мире. Призывая всех видеть и понимать сущность религии с духовной точки зрения, Амма напоминает нам: «Там, где имеется истинный духовный опыт, не будет никакого разделения – только единство и любовь».

Предостерегая против религиозного фанатизма, Амма делает следующее замечание: «Проблема возникает тогда, когда мы говорим: "Наша религия правильная; а ваша – неправильная!" Это похоже на высказывание: "Моя мать хорошая; а ваша – проститутка!"» Но Она также указывает путь к решению этого вопроса: «Любовь – единственная религия, которая может помочь человечеству подняться к великим и восхитительным высотам. И любовь должна быть той единой нитью, на которую вместе нанизаны все религии и философии.» Далее Она говорит, что для пробуждения единства и распространения любви от нас требуется уважать многообразие и слушать других с открытым сердцем.

Амма также прекрасно высказывается о войне, выступая в защиту того, чтобы мы перенаправляли деньги и усилия, затрачиваемые на войну, на достижение мира во всём мире вместо этого, и советуя, что это «несомненно могло бы обеспечить мир и гармонию в этом мире». Здесь Она снова подчёркивает, что ключ к преодолению и внутренних, и внешних врагов – это не физическое или идеологическое принуждение, а духовность.

Амма продолжает, давая новое определение ещё одной из сегодняшних глобальных дилемм – бедности. Подразделяя бедность на

## Введение

два вида – физическую и духовную – Амма побуждает всех нас уделять больше внимания последней, так как только такой подход может обеспечивать прочное решение их обоих.

Поучения Аммы всегда уводят нас за пределы наших персональных различий и желаний, ведя нас к переживанию лежащего в основе человечества единства. В Барселоне Она снова делает особое ударение на этом послании единства в кульминационном месте Своей речи. Рассказывая трогательную историю о радуге, Амма иллюстрирует то, как многообразие и единство могут сосуществовать, если только мы сможем обрести мудрость нахождения нашего собственного счастья в том, чтобы делать счастливыми других.

Амма неустанно повторяет, что служение бедным – наша высшая обязанность перед Богом, и, в завершение этой речи, Она призывает Своих детей к сознательному обязательству, говоря: «Нам следует посвящать полчаса в день работе на благо страдающих – такова настоятельная просьба Аммы». Разве есть ещё кто-то, кто более правомочен говорить о важности и красоте бескорыстного и самоотверженного служения? Такие слова привносят совершенно новое измерение убедительности, когда они исходят от Той, Кто так искусно выстроила Свою жизнь таким образом, чтобы она была образом Её собственного учения.

В конце речи Аммы все встали и устроили Ей овацию.

Той ночью, хотя это и не было частью первоначальной программы (фактически Парламент к тому времени уже закончился), Амма дала даршан. Огромная толпа почитателей и множество должностных лиц и делегатов конференции пришли за Её благословениями.

Даршан происходил под навесом, из которого открывался вид на Средиземное море. Этот навес был установлен общиной сикхов в качестве столовой для делегатов Парламента. Амма прибыла к этому навесу вскоре после отъезда из Парламента и без каких-либо формальностей подошла к стулу, который поставили в том месте за несколько минут до этого (ибо никто не был уверен в том, что Она будет давать даршан). Без какой

## Введение

бы то ни было суматохи Она начала принимать людей Своим уникальным способом обнимания каждого, и через несколько минут, несмотря на отсутствие звукоусилительной аппаратуры, люди начали петь бхаджаны, и все присутствовавшие присоединились к ним. Даршан, который продолжался до поздней ночи, казался проявлением того, к чему несколькими часами ранее призывала Амма в Своей речи: здесь находились люди со всей Европы, со всего мира и из различных религий, объединившиеся все вместе в переживании любви. Многообразие, собранное и примирённое в единство – это основа мира (покоя).

Ночью лидер сикхов вместе с большой группой своих последователей пришёл, чтобы выразить своё уважение Амме. Произнося слова почтения и гостеприимства, он погрузил обе руки в большую чашу, вынув их оттуда переполненными лепестками цветов, и обильно осыпал ими Амму. Она ответила тем, что взяла эти лепестки в Свои руки и осыпала ими его и его последователей.

И затем произошло то, что было никак не меньше, чем чудо. Амма стала беспокоиться, потому что люди были с Ней в течение столь многих часов, и никто ничего не ел. Сикхи предложили то, что у них оставалось: пища, которой бы хватило примерно на 150 порций. Когда даршан закончился, Амма прошла прямо к столам раздачи пищи и начала раздавать пищу Своим детям. Время от времени Она корректировала раздаточные порции того или иного блюда, точно вычисляя, чтобы убедиться, что каждый будет накормлен. И Она преуспела, ибо в конце каждому досталось вполне достаточное количество пищи, все кастрюли были полностью опустошены, и не осталось пищи, которую пришлось бы выбросить. Невозможно объяснить то, как пищей для ста пятидесяти человек было накормлено более тысячи, не оставив никого голодным и не оставив лишней пищи.

Через несколько часов после окончания даршана и кормления Своих детей Амма снова была в аэропорту, меньше чем через двадцать четыре часа со времени Её прибытия. Парламент состоялся в то время, когда Амма находилась в Её ежегодном туре по США. Она уехала в конце программы в Чикаго, произнесла Свою речь и дала

## Введение

импровизированный даршан, и затем вернулась вовремя к Её следующей программе в Вашингтоне, округ Колумбия.

Барселона – это ещё одна ступень в бесконечном послании Аммы – послании Любви. Воистину, Любовь превозмогает всё. Поэтому давайте мы также откроем свои сердца и предадимся этой Любви. Слова махатмы (великой души) подобны семенам, посеянным в почве наших сердец. Если почва восприимчивая и питает эти семена, они смогут прорасти в большие деревья, приносящие плоды и дающие укрытие под своей кроной многим нуждающимся людям. Пусть слова Аммы всходят и растут в наших сердцах, делая наши жизни плодотворными и приносящими благо миру.

В завершение этих слов позвольте мне привести цитату из статьи, которая была опубликована в "el Periodico" – одной из ведущих испанских газет: «Амма – хороший духовный ас в этом мире, которому недостаёт веры».

Да, Она воистину ведёт нас к наивысшему достижению и успеху, заключающемуся в выходе за пределы всех слабостей ума, осознании нашего полного потенциала и, в конечном счёте, достижении мира и безмятежности в любых жизненных ситуациях.

Свами Амритасварупананда,
вице-председатель
Миссии Маты Амританандамайи,
Амритапури

# ПУСТЬ ТОРЖЕСТВУЮТ МИР И СЧАСТЬЕ

Программная речь
Шри Маты Амританандамайи
во время заключительного пленума
Парламента религий мира
Барселона, Испания, 13 июля 2004 г.

Амма преклоняется перед каждым, кто воистину воплощает в себе чистую любовь и всевышнее Сознание. Усилия и самопожертвование тех из вас, кто оказались способными организовать столь грандиозное мероприятие, не могут быть описаны словами. Амма просто преклоняется перед такой самоотверженностью.

Наши данные Богом способности – это сокровище, которое предназначено как для нас самих, так и для всего мира. Это богатство никогда не должно использоваться неправильно и превращаться в бремя для нас и для мира. Величайшая трагедия в жизни – это не смерть; величайшая трагедия – позволять нашему великому потенциалу, талантам и способностям недоиспользоваться, позволять им ржаветь в то время, пока мы живы. Когда мы используем богатство, добытое у природы, оно уменьшается; но когда мы используем богатство наших внутренних даров, оно увеличивается.

Но действительно ли мы используем наши способности? Что всегда было целью человечества? Чего мы – люди – стремимся достичь? Разве мы не ставили своей целью обрести как можно больше счастья и удовлетворённости как в своей личной жизни, так и для общества в целом? Но где мы находимся сегодня? Большинство из нас двигается от одной ошибки к другой, что только ухудшает наши проблемы.

Каждая страна до сих пор стремится наращивать свою мощь в политике, войсках и вооружении, экономике, науке и технологии. Имеется ли какая-либо область, которую мы всё ещё должны проверить и исследовать? Мы все так сосредоточены на этих вещах; и, пытаясь применять эти методы в течение столь долгого времени, достигли ли мы какого-либо реального мира или удовлетворённости? Нет. Время доказало, что одни только эти методы не могут обеспечить нашу удовлетворённость. Только если духовной силе – с которой мы никогда прежде не экспериментировали – будет позволено расти бок о бок со всеми этими различными областями, мы сможем обрести мир и удовлетворённость, которые мы ищем.

В действительности имеется только одно различие между людьми в богатых странах и людьми в бедных странах: в то время как люди в богатых странах рыдают в комнатах с кондиционированием воздуха и роскошных особняках, те, кто живут в бедных странах, рыдают на грязных полах своих хижин. Одна вещь ясна: те люди, которые когда-то всячески надеялись улыбаться и быть счастливыми, теперь проливают слёзы во многих частях мира. Горе и страдание становится признаком многих стран. Бессмысленно обвинять во всём этом одну только религию. Главная причина этих проблем заключается в том, как люди истолковывали религию и духовность.

Сегодня мы ищем вовне причины и решения всех проблем мира. В своей поспешности мы забываем величайшую истину всего – истину о том, что источник всех проблем следует искать внутри человеческого ума. Мы забываем, что мир может стать хорошим только тогда, когда ум индивидуума становится хорошим. Таким образом, наряду с пониманием внешнего мира крайне необходимо познать также и внутренний мир.

Однажды происходило одно мероприятие, посвящённое презентации нового суперкомпьютера. После торжественной части презентации участникам сказали, что они могут задать суперкомпьютеру любой вопрос, и он выдаст ответ за секунды. Люди стремились изо всех сил задавать компьютеру наиболее сложные вопросы, касающиеся науки, истории, географии и так далее. Как только задавался очередной вопрос, ответ тут же появлялся на экране. И тогда один ребёнок вышел вперёд и задал суперкомпьютеру простой вопрос: «Привет, суперкомпьютер! Как ты поживаешь сегодня?» Но в этот раз ответа не было; экран остался пустым! Компьютер мог отвечать на вопросы обо всём, но не мог ответить о самом себе.

Большинство из нас живёт в состоянии, похожем на состояние этого компьютера.

## Программная речь

Наряду с нашим пониманием внешнего мира нам следует развивать знание о внутреннем мире.

Когда наш телефон не работает, мы обращаемся в телефонную компанию, чтобы восстановить его работоспособность; когда наше кабельное телевидение оказывается не в состоянии ясно показывать телепрограммы, тогда эта телекомпания помогает нам; и когда наше соединение по Интернету не работает, компьютерный специалист исправляет эту неполадку. Подобным образом духовность – это средство, с помощью которого восстанавливается наша внутренняя связь с божественностью. Наука духовности передаёт «дистанционное управление» нашим умом назад в наши руки.

Существуют два типа образования: образование для зарабатывания на жизнь и образование для жизни. Когда мы учимся в колледже, прилагая усилия к тому, чтобы стать доктором, адвокатом или инженером, тогда это образование для зарабатывания на жизнь. Но образование для жизни требует понимания исконных принципов духовности; оно связано с обретением глубинного понимания мира, наших умов, наших эмоций и нас самих. Все мы знаем, что реальная цель образования не заключается в том, чтобы порождать людей, которые понимают только язык машин; главной целью образования должно быть наделение культурой сердца, культурой, основанной на духовных ценностях.

Рассмотрение религии только с внешней стороны порождает всё большее и большее разделение. Нам следует видеть и понимать внутреннюю часть, сущность религии, исходя из духовной перспективы. Только тогда восприятию разделения будет положен конец. Там, где имеется разделение, не может быть никакого подлинного духовного опыта; а там, где имеется истинный духовный опыт, не будет никакого разделения – только единство и любовь. Религиозных лидеров следует готовить для работы на основе этого знания, и им следует приводить своих последователей к осознанию этих истин.

Проблема возникает тогда, когда мы говорим: «Наша религия правильная; а ваша – неправильная!» Это похоже на высказывание: «Моя мать хорошая; а ваша

— проститутка!» Любовь и сострадание — исконная сущность всех религий. Зачем же тогда нам конкурировать?

Любовь — наша истинная сущность. У любви нет таких ограничений, как религия, раса, национальность или каста. Мы все — бусинки, нанизанные вместе на одну и ту же нить любви. Пробуждать это единство и распространять любовь, нашу врождённую природу, среди других — это истинная цель человеческой жизни.

Воистину, любовь — единственная религия, которая может помочь человечеству подняться к великим и восхитительным высотам. И любовь должна быть единой нитью, на которую все религии и философии нанизываются вместе. Красота общества заключается в единстве сердец.

Существует так много разнообразия в санатана-дхарме, древней духовной традиции Индии. Каждый человек уникален и обладает различным складом ума. Древние провидцы обеспечили нам множество путей, чтобы каждый индивидуум мог выбрать путь, наиболее подходящий для него или неё. Все замки не могут быть открыты одним и тем же ключом; равно как всем людям не нравится один и тот же тип еды или одежды. Это разнообразие в равной степени остаётся в силе и для духовности. Один и тот же путь не подходит для всех.

На подобных встречах и конференциях необходимо уделять большее внимание духовности, внутренней сущности религии. Это единственный способ достичь мира и единства. Эта конференция не должна быть просто встречей тел. На таких событиях должна иметь место истинная встреча, такая, на которой мы можем видеть и знать сердца друг друга.

Связь с помощью машин сделала людей в отдалённых местах кажущимися очень близкими друг к другу. Но при этом из-за недостатка связи наших сердец даже те, кто физически близки к нам, могут казаться очень далёкими.

Таким образом, это событие не должно быть обычной конференцией, где все говорят, никто не слушает, и все не соглашаются!

Важно прислушиваться друг к другу. Мы можем видеть и слышать много чего в мире, но мы не должны вмешиваться в дела других,

## Программная речь

потому что это может иметь опасные последствия. Амма вспоминает одну историю.

Один человек шёл мимо психиатрической больницы и услышал голос, который стенал «13, 13, 13, 13...» Этот человек подошёл поближе, чтобы определить, откуда исходит этот звук. Он увидел отверстие в стене и понял, что звук исходит с той стороны. Из любопытства он приложился ухом к отверстию, надеясь услышать получше. Внезапно что-то сильно ударило его в ухо! Когда он закричал от боли, голос застенал: «14, 14, 14, 14...»!

Таким образом, нам следует использовать свою способность к различению, чтобы различать, на что нам следует обращать внимание, а на что – нет.

Истинные религиозные лидеры любят и даже поклоняются всему творению, смотря на всё как на сознание Бога. Они видят единство, лежащее в основе всего разнообразия. Но в настоящее время многие религиозные лидеры извращают слова и переживания древних провидцев и пророков и эксплуатируют слабовольных людей.

Религия и духовность – это ключи, с помощью которых мы можем открыть свои сердца и смотреть на каждого с состраданием. Но наши умы, ослепляемые эгоизмом, утратили своё правильное суждение; наше видение стало искажённым. Такой подход будет служить только порождению ещё большей тьмы. Используя тот же самый ключ, который предназначен для открытия наших сердец, наш неразборчивый ум вместо этого запирает наши закрытые сердца.

Имеется одна история о четырёх людях, которые направлялись на религиозную конференцию и должны были провести ночь вместе на острове. Это была ужасно холодная ночь. Каждый путешественник нёс коробку спичек и маленькую связку дров в своей ноше, но каждый думал, что он единственный, у кого есть дрова и спички.

Один из них подумал: «Судя по медальону на шее того человека, можно предположить, что он из какой-то другой религии. Если я зажгу костёр, он также получит пользу от тепла. Почему я должен использовать свои драгоценные дрова для его обогрева?»

Второй человек подумал: «Этот человек из страны, которая всегда воевала против нас. Мне и во сне не приснится использовать свои дрова для того, чтобы сделать ему приятное!»

Третий человек посмотрел на одного из них и подумал: «Я знаю этого типа. Он относится к секте, которая всегда создаёт проблемы моей религии. Я не собираюсь тратить впустую свои дрова ради него!»

Четвёртый человек подумал: «У этого человека иной цвет кожи, и я ненавижу это! Я ни в коем случае не собираюсь использовать свои дрова ради него!»

В конечном счёте никто из них не захотел зажечь свои дрова, чтобы обогреть других, и, в результате, к утру все они замёрзли насмерть.

Сходным образом мы питаем вражду по отношению к другим во имя религии, национальности, цвета кожи и касты, не выказывая никакого сострадания к нашим собратьям.

Современное общество похоже на человека, страдающего от сильной лихорадки. Когда лихорадка усиливается, человек произносит слова, которые не имеют смысла. Указывая на стоящий на полу стул, она может сказать: «О, этот стул разговаривает со мной! Смотрите, он летит!» Что мы можем ответить на это? Разве можно доказать ей, что стул не летит? Существует только один способ помочь ей: мы должны дать ей необходимое лекарство, чтобы сбить температуру, и, как только лихорадка ослабнет, всё встанет на свои места. Сегодня люди страдают от лихорадки эгоизма, жадности, необузданного желания и т.д.

Религия и духовность формируют путь, который помогает преобразовывать гнев внутри нас в сострадание, нашу ненависть в любовь, наши похотливые мысли в божественные и нашу ревность в сочувствие. Всё же в нашем нынешнем введённом в заблуждение умственном состоянии большинство из нас не понимает этого.

Общество состоит из индивидуумов. Конфликт в индивидуальном уме внешне проявляется как война. Когда индивидуумы изменятся, общество автоматически изменится. Так же, как ненависть и мстительность существуют в уме, так и мир и любовь также могут существовать в уме.

На ведение войн мы тратим миллиарды долларов и вовлекаем в них бесчисленное количество людей. Подумайте о том, сколько внимания и интенсивных усилий уходит на этот процесс! Если бы мы использовали хотя бы малую часть этих денег и усилий ради мира во всём мире, мы несомненно могли бы обеспечить мир и гармонию в этом мире.

Каждая страна тратит огромные средства на создание систем безопасности. Безопасность необходима; но величайшая безопасность из всех наступит тогда, когда мы впитаем духовные принципы и будем жить в соответствии с ними. Мы забыли об этом.

Сегодня с врагами, которые нападают на нас как изнутри, так и извне, нельзя справиться одним только наращиванием мощи нашего оружия. Мы больше не можем позволять себе задерживать повторное открытие и укрепление нашего наиболее могущественного оружия – духовности, которая неотъемлемо присуща всем нам.

Более одного миллиарда людей в этом мире страдает от бедности и голода. Бедность, по правде говоря, наш величайший враг. Это одна из основных причин того, почему люди совершают воровство и убийство, и почему люди становятся террористами.

Это также причина того, почему люди обращаются к проституции. Бедность не только поражает тело, но также и ослабляет ум. И затем на такие умы влияют во имя религии и вводят в них яд террористических идеалов. Смотря на это с такой точки зрения, Амма полагает, что 80% проблем в обществе было бы решено, если бы мы искоренили бедность.

Человеческая раса, вообще-то, совершает своё путешествие без ясной цели.

Водитель остановился на перекрёстке и спросил у пешехода: «Не могли бы вы сказать мне, куда ведёт эта дорога?»

«Куда вы хотите добраться?» – спросил пешеход.

«Я не знаю», – ответил водитель.

«Хорошо, в таком случае несомненно, что не имеет значения то, по какой дороге вы поедете!» – сказал пешеход.

Мы не должны быть похожими на этого водителя. Нам следует иметь ясную цель.

Амма встревожена, наблюдая за тем, в каком направлении движется мир. Если в будущем будет иметь место третья мировая война, то пусть она будет не войной между нациями, а войной против нашего общего врага – бедности!

В сегодняшнем мире люди переживают два типа бедности: бедность, вызванная недостатком пищи, одежды и крова, и бедность, вызванная недостатком любви и сострадания. Из этих двух второй тип необходимо рассматривать в первую очередь – ибо если у нас будет любовь и сострадание в наших сердцах, тогда мы будем искренне служить тем, кто страдает от недостатка пищи, одежды и крова.

Изменение в обществе будет вызвано не эрой, в которой мы живём, а сострадательными сердцами. И религиям следует быть способными порождать более сострадательные сердца. Это должно быть главной целью религии и духовности.

Чтобы защитить этот мир, мы должны вступить на такой путь, на котором мы будем отказываться от своих личных разногласий и желаний. Прощая и забывая, мы можем стремиться воссоздавать этот мир и давать ему новую жизнь. Бесполезно выкапывать и тщательно исследовать прошлое; это не принесёт пользы никому. Нам необходимо отказаться от пути мести и возмездия и беспристрастно оценить существующую ситуацию в мире. Только тогда мы сможем обнаружить путь к истинному прогрессу.

Истинное единство – среди людей и между человечеством и природой – придёт только через нашу веру в безграничное могущество внутренней Сущности, которая за пределами всяких внешних различий.

Радуга одаривает нас визуальным великолепием и также несёт в себе внутреннее значение, которое помогает расширять ум. Радуга образуется сходимостью семи различных цветов, которые делают её дивной и красивой. Точно так же нам следует быть способными принимать и признавать различия, созданные религией, национальностью, языком и культурой. Нам следует соединить усилия, придавая первоочередную важность процветанию человечества и общечеловеческих ценностей.

Радуга появляется и исчезает в небе за несколько минут. Однако за этот короткий промежуток времени радуга способна сделать каждого счастливым. Точно так же, как радуга, которая появляется на столь краткое время в бесконечном небе, так и время нашей жизни, которое появляется на всего лишь краткий момент в пределах бесконечного промежутка времени, также очень короткое и ничтожное. До тех пор, пока мы живём в этом мире, наша величайшая и первоочередная обязанность, или дхарма, – приносить ту или иную пользу другим. Только когда добродетель пробудится внутри индивидуума, только тогда его или её индивидуальность и действия обретут красоту и силу.

Жила-была одна девочка, которая была обречена передвигаться в инвалидной коляске. Её инвалидность сделала её сердитой и разочарованной в жизни. Все дни напролёт она сидела перед окном, пребывая в подавленном настроении и с завистью наблюдая за тем, как все остальные дети бегали, прыгали, резвились и играли друг с другом. Однажды, когда она сидела, уставившись в окно, начался дождь. Внезапно прекрасная радуга появилась в небе. В тот же миг девочка забыла о своей инвалидности и своём горе. Радуга наполнила её огромным счастьем и надеждой. Но затем, так же внезапно, как дождь появился, он прекратился, и радуга исчезла. Память о радуге наполнила девочку странным ощущением мира и радости. Она спросила свою мать о том, куда подевалась радуга. Её мать ответила: «Моя дорогая, радуги – совершенно особые создания. Они существуют только тогда, когда солнце и дождь собираются вместе.» С того времени девочка стала сидеть перед своим окном, ожидая того момента, когда солнце и дождь соберутся вместе. Она больше не обращала внимания на игру других детей. Наконец в один солнечный день неожиданно начался лёгкий дождь, и наиболее божественно окрашенная радуга появилась в небе. Радость девочки не знала границ. Она позвала свою мать, чтобы та поскорее подошла и доставила её к радуге. Не желая разочаровывать своего ребёнка, мать помогла ей сесть в автомобиль и повезла её по направлению к радуге. Наконец, когда они приехали в такое место, где они могли хорошо видеть радугу, мать остановила автомобиль и помогла своей дочери выйти, чтобы та могла наслаждаться этим прекрасным зрелищем.

Пристально глядя, ребёнок сказал:

## Программная речь

«Дивная радуга, как тебе удаётся сиять так лучезарно?»

Радуга ответила: «Мой дорогой ребёнок, у меня очень короткая жизнь. Я существую только в течение очень короткого промежутка времени, когда солнце и дождь собираются вместе. Вместо того чтобы беспокоиться о своём коротком существовании, я решила, что за свою короткую жизнь я хочу сделать как можно больше людей как можно счастливее. И когда я решила делать это, я стала лучезарной и прекрасной.»

Затем, даже пока радуга всё ещё говорила, она начала блёкнуть и постепенно исчезала до тех пор, пока она, наконец, не исчезла совсем. Девочка смотрела с любовью и восторгом на то место в голубом небе, где только что была радуга. Начиная с того дня, она уже никогда не была такой, как прежде. Вместо того, чтобы чувствовать себя удручённой и мучительно сознавать свою неспособность двигаться, она старалась улыбаться и приносить счастье всем вокруг себя. Так она нашла истинную радость и удовлетворённость в жизни.

Радуга была столь прекрасной, потому

что она забыла о себе и жила ради других. Точно так же, когда мы забываем о самих себе и живём ради счастья других, мы переживаем подлинную красоту жизни.

Тело исчезнет независимо от того, работаем ли мы или праздно сидим. Поэтому вместо того, чтобы заржаветь, не делая ничего на благо общества, лучше износить себя совершением хороших деяний.

В санатана-дхарме – извечной религии (сейчас общеизвестной как индуизм) – имеется следующая мантра: «Лока самаста сукхино бхаванту». Эта мантра означает «Пусть все существа во всех мирах будут счастливы».

Согласно священным писаниям Индии нет никакого различия между Творцом и творением, так же как нет никакого различия между океаном и его волнами. Сущность океана и его волн одна и та же: это вода. Золото и золотые украшения – это одно и то же, потому что золото – это то вещество, из которого делаются украшения. Глина и глиняный горшок – это в конечном счёте одно и то же, потому что субстанция горшка – глина. Поэтому нет никакого различия между

## Программная речь

Творцом, или Богом, и творением. Они по своей сути одно и то же: Чистое Сознание. По этой причине нам следует учиться любить каждого одинаково, потому что по своей сути мы все – одно, Атман; мы все – одна Душа, или высшая Сущность. Хотя внешне всё кажется разным, внутри все – проявления Абсолютной Сущности.

Бог – это не ограниченный индивидуум, который сидит в одиночестве в облаках на золотом троне. Бог – Чистое Сознание, которое пребывает внутри всего. Нам следует осознать эту истину, и таким образом учиться принимать и любить каждого одинаково.

Так же, как солнце не нуждается в свете свечи, Бог не нуждается в чём-либо от нас. Бог – Даритель всего. Нам следует идти к страдающим людям и служить им.

В мире имеются миллионы беженцев и нуждающихся людей. Правительства пытаются помогать таким людям различными способами, но мир нуждается в гораздо большем количестве людей, которые согласны работать в духе самоотверженности и бескорыстия.

В руках людей, пекущихся только о

собственных интересах, от одного миллиона долларов остаётся только 100 тысяч к тому времени, когда деньги достигают тех людей, которые должны быть облагодетельствованы этими фондами. Это похоже на переливание масла из одной ёмкости в другую, затем в третью и т.д. Если сделать это много раз, то масла не останется, потому что какая-то его часть налипнет на стенки каждой ёмкости. Но с теми, кто занят бескорыстным служением, ситуация совершенно иная. Такие люди могут получать сотни тысяч долларов, но будут доносить эквивалент миллионов нуждающимся людям. Это происходит благодаря тому, что их мотивы бескорыстны; они просто желают принести пользу обществу. Скорее чем брать какую-либо оплату для себя, они отдают всё, что они могут, тем, кто страдает.

Если у нас имеется хотя бы самая малость сострадания в наших сердцах, нам следует посвящать себя работе в течение дополнительного получаса в день на благо тех, кто страдает – такова просьба Аммы. Амма верит, что это станет ключом к разрешению всех страданий и бедности в мире.

## *Программная речь*

Сегодняшний мир нуждается в людях, которые выражают добродетель в своих словах и делах. Если такие великодушные образцы для подражания смогут устанавливать пример для своих собратьев, то преобладающая сейчас в обществе тьма будет рассеяна, и свет мира и ненасилия снова озарит эту землю. Давайте работать все вместе для достижения этой цели.

> Пусть дерево нашей жизни глубоко
>   укоренится в почве любви;
> Пусть добрые дела будут листьями
>   на этом дереве;
> Пусть слова доброты формируют
>   его цветы;
> И пусть покой будет его плодами.

Давайте расти и развиваться как одна семья, объединённая любовью, чтобы мы могли радоваться и воспевать наше единство в мире, где торжествуют мир и удовлетворённость.

В то время как Амма завершает своё обращение, Она также хочет добавить, что, в действительности, ничто не заканчивается. Точно так же, как в конце предложения имеется точка, имеется только короткая пауза – пауза перед новым началом на пути к миру. Пусть божественная Милость благословит нас силой нести дальше это послание.

## Ом Шанти Шанти Шанти

www.ingramcontent.com/pod-product-compliance
Lightning Source LLC
Chambersburg PA
CBHW070042070426
42449CB00012BA/3136